Christine Adrian · Doris Rübel

Der Wellensittich

Ein Bilderbuch aus der Reihe

Kinder erleben Tiere

Hom

Der Wellensittich

Erzählt von Christine Adrian
Mit Bildern von Doris Rübel

Otto Maier Ravensburg

Tante Frieda will in Urlaub fahren. Heute bringt sie ihren Wellensittich zur Familie ihrer Schwester. Jo und Hanna sind begeistert, weil sie für zwei Wochen einen zahmen Wellensittich haben dürfen. Sie stürmen Tante Frieda entgegen.

„Da bist du ja endlich", sagt Hanna. Jo schreit: „Zeig mal, wie sieht dein Piepmatz aus? Kann er sprechen?" Die Mutter beruhigt: „Kommt erst mal herein. Dann werden wir ja alles erfahren."

Der Käfig steht im Wohnzimmer, und das Tuch ist herunter.
„Das also ist Aram", sagt Tante Frieda. Sie streckt ihre Hand in den Käfig, und Aram steigt auf ihren Finger. Dann nimmt sie ihn heraus. Sie läßt den Vogel auf Hannas Finger hüpfen.
„Hat der aber warme Füße", meint Hanna. Ihre Augen strahlen. In diesem Augenblick fliegt Aram los. Er saust zwei Runden durchs Zimmer und landet auf Jos Kopf. „Uiih", schreit Jo.

Er verdreht die Augen, um zu sehen, was Aram macht.
„Laß nur", meint Tante Frieda, „ich merk schon, er mag dich. Er wird dir nichts tun."
Und nun erklärt sie den Kindern, wie sie den Vogel pflegen müssen.

Bevor Tante Frieda geht, setzt sie Aram wieder in seinen Käfig. Er ist ein bißchen aufgeregt von seinem ersten Ausflug in der neuen Umgebung. Deshalb plustert er sich auf und schüttelt sich kräftig… Dann kratzt er sich am Kopf. Dazu hebt er das Bein über den Flügel. Hanna lacht, weil der Wellensittich so komische Verrenkungen macht.

Als Aram anfängt, mit dem Schnabel seine Federn zu ordnen, kann Hanna gar nicht fassen, wie der Vogel den Kopf verdrehen kann. Sie versucht, es nachzumachen, hat aber überhaupt keinen Erfolg. Schließlich beobachtet sie staunend, was Aram mit seiner Hirse macht: Der Vogel nimmt ein Körnchen und dreht es im Schnabel.

Es knackt ein wenig, die Schalen fallen herunter, und Aram verschluckt den weichen Kern ungekaut. Wie gut, denkt Hanna, daß die Hirse in meinem Brei immer schon geschält ist. Sonst würde ich ja nie satt.

Nach einigen Tagen nehmen die Kinder Aram morgens mit ins Badezimmer. Denn Tante Frieda hat gesagt, das ist sein größtes Vergnügen. Während die Kinder duschen, lassen sie am Waschbecken das Wasser ein wenig laufen. Hier „duscht" Aram.
Auf einem alten Waschlappen trippelt er hin und her. Er spreizt die Flügel und läßt sich die Tropfen über den Rücken perlen. Dabei wird er zwar kaum naß, doch es gefällt ihm sehr. Dann fliegt er vor den Spiegel. Da sieht er doch tatsächlich einen zweiten Wellensittich! Aram sträubt Kopf- und Bartfedern. Seine Augen werden fast weiß. Er pickt ans Glas und kreischt „Aram Liebchen, Aram Liebchen" – die einzigen Worte, die er in Menschensprache gelernt hat.

Aram will unbedingt mit dem anderen Vogel schnäbeln. Doch das geht natürlich nicht.

Beim gemütlichen Sonntagsfrühstück darf Aram frei im Zimmer herumfliegen. Sofort entdeckt er die leckeren Sachen auf dem Tisch. Er setzt zum „Landeflug“ an. Der Rand der Kakaotasse scheint ein guter Sitzplatz. Aber die Tasse ist heiß.

Mit einem kleinen Schrei flattert Aram hoch und läßt sich auf Jos Müslischüssel nieder. Die Haferflocken schmecken ihm. Doch da verscheucht ihn die Mutter. „Kinder“, sagt sie, „das geht nicht. Ein Vogel gehört nicht auf den Eßtisch. Bringt ihn bitte sofort ins Wohnzimmer.“

Die Familie frühstückt nun ungestört weiter. Aram bleibt allein im Wohnzimmer. Er langweilt sich. Er sucht nach Spaß und Beschäftigung. Wie wär's mit dem Blumenfenster?
Zuerst probiert er, sich auf den Kaktus zu setzen. Der ist viel zu stachlig. Dann beißt er ins Sonnenrollo. Schmeckt nicht.
Aber die anderen Pflanzen, die sind genau, was Aram sucht.
Er frißt nur wenig. Das meiste zwickt er ab, einfach weil er gerne knabbert. Der Schaden ist beträchtlich.
„Meine armen Pflanzen", klagt die Mutter, als sie die Bescherung sieht. „Aber wenigstens hat Aram nichts vom giftigen Efeu gefressen! Da hat er noch mal Glück gehabt."

Hanna und Jo schlagen der Mutter vor: Aram kann doch ins Kinderzimmer umziehen. Die Kinder sind glücklich. Sie haben bald heraus, wie zärtlich der kleine Vogel sein kann. Wenn Jo und Hanna sich ruhig beschäftigen, ist Aram meist in der Stimmung zu kraulen oder gekrault zu werden. Jetzt sitzt er auf Jos Kragen.

Er knabbert ganz vorsichtig an Ohrläppchen und Haaren des Jungen. So ähnlich würde Aram das auch bei einem anderen Wellensittich tun.

Hanna hat entdeckt, wie sie selbst „Wellensittich“ für Aram spielen kann: Zart krault sie mit einem Finger in Arams Bartfedern. Der Vogel mag das sehr. Er schließt die Augen halb und lehnt sein Köpfchen vertrauensvoll an Hannas Finger. In solchen Augenblicken merkt er nicht mehr, wie sehr ihm ein zweiter Vogel fehlt.

Doch auch im Kinderzimmer ist Aram nicht immer nur lieb. Er hat Papier angeknabbert und mußte in den Käfig. Denn Hanna will ein schwieriges Bild zusammenkleben.

Aram will raus. Er zeigt das sehr deutlich. Er flattert einfach wie wild. Dabei werden Sand und Futter aus dem Käfig geschleudert.

Das Zeug klebt auf dem Bild fest, und Hanna wird wütend.

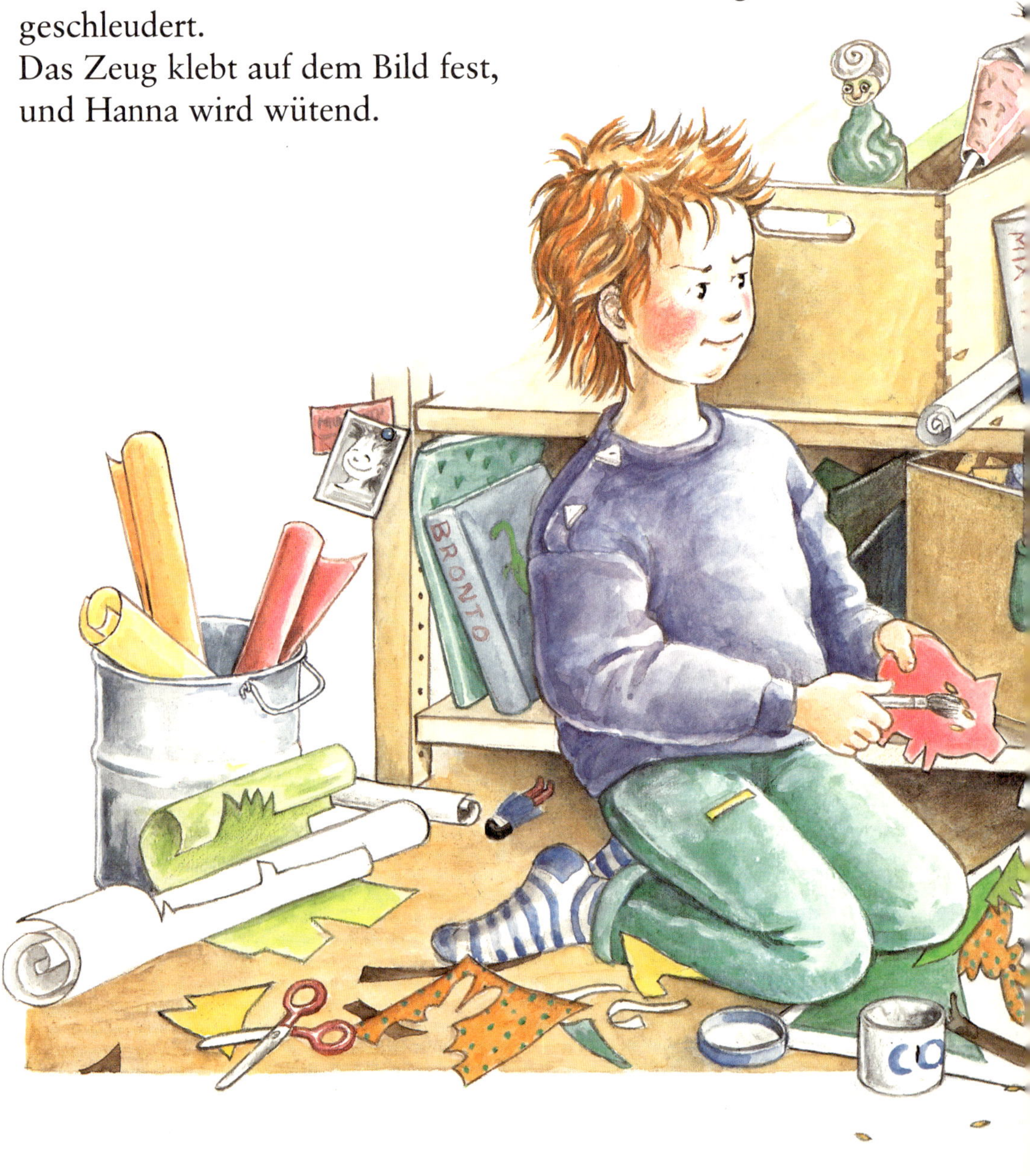

„Hör auf, du Ferkel“, schreit sie. Doch Aram gibt erst Ruhe, als er aus dem Käfig darf. Nun hat Hanna den Spaß an ihrem Bild verloren. Sie geht raus, um draußen zu spielen, und läßt den Vogel allein.

Die Mutter kommt, um das Kinderzimmer zu putzen. Sie denkt nicht an Aram, sie sieht nur den Dreck, den er gemacht hat.

Sie kehrt und wischt Staub. Dann macht sie das Fenster auf, um das Staubtuch auszuschütteln.
Aram sitzt bei den Spielzeugtieren, oben im Regal. Jetzt erschrickt er furchtbar vor dem Tuch und flieht – wutsch – aus dem Fenster.

Was nun? Die Mutter ruft sofort nach Hanna und Jo. Sie nehmen den Käfig, Kolbenhirse und Arams Spielzeug und machen sich auf die Suche nach dem Vogel. Da sitzt er auch schon in einem Baum. Er schreit: „tschilip, tschilip“, ganz ähnlich wie die Spatzen ringsum. Die Kinder rufen Aram und zeigen ihm Futter und Spielzeug. Aber der Vogel knabbert an den Zweigen und kommt kein bißchen näher. Schließlich fliegt er sogar weg. Schnurstracks auf ein kleines Wäldchen zu.

Im Wäldchen ist Aram spurlos verschwunden. Alles Rufen und Suchen ist vergebens. Es wird dunkel und beginnt zu regnen.
Die Mutter legt die Arme um die Kinder: „Morgen gehen wir ganz früh los und suchen weiter. Aber jetzt müßt ihr erst mal ins Bett."
Doch die Kinder können nicht einschlafen. Sie malen sich aus, wie Aram erfriert, verhungert, von einer Katze gefangen, von einer Eule gefressen wird.
Die Mutter hat es wirklich nicht leicht, die Kinder zu beruhigen und zu trösten.

Am nächsten Morgen finden sie Aram in einem Busch am Rand des Wäldchens. Er ist ein bißchen naß und sehr kleinlaut. Vor allem hat er Hunger. Zuerst vorsichtig, dann gierig nimmt er Körnchen für Körnchen von der Kolbenhirse.
Ganz langsam nähert sich Mutters rechte Hand dem Vogel von hinten.

Und – schwapp – packt sie zu. Aram kreischt. Er zwickt mit aller Kraft in Mutters Finger. Doch die war darauf gefaßt und läßt nicht los.
Aram wird in seinen Käfig gesteckt und glücklich nach Hause getragen.

Heute holt Tante Frieda ihren Vogel wieder ab. Der schreit: „Aram Liebchen, Aram Liebchen“ – vor Freude.

„Ihr habt eure Sache aber gut gemacht“, lobt die Tante und gibt jedem ein Geschenk. „Darf ich Aram wieder einmal bringen?“

Alle drei „Tierpfleger“ versichern: „O ja, gerne!“ Und sie denken: dann sind wir allerdings etwas vorsichtiger – und schlauer.

Was du über Wellensittiche wissen solltest

Wellensittiche können außerordentlich zahm werden. Viel zahmer als etwa Kanarienvögel. Woran liegt das? Kanaris sind außerhalb der Brutzeit Einzelgänger. Von Natur aus sind sie nicht auf Kontakt angewiesen, um zufrieden zu leben. Wellensittiche aber sind „Gesellschaftsvögel". In Australien, wo sie wild vorkommen, trifft man keinen Wellensittich allein, sondern immer in einer Gruppe. Die Vögel brauchen die Gemeinschaft, um ihre vielfältigen sozialen Bedürfnisse zu erfüllen. Zum Beispiel kraulen sie sich gegenseitig, sie fressen, baden, kreischen und schlafen zusammen. Und wenn sie das nicht haben, sind sie ausgesprochen unglücklich.

Einzelne Wellensittiche in Gefangenschaft werden hauptsächlich deshalb so zahm, weil sie den Menschen als Wellensittichersatz annehmen. Der Mensch ist also verpflichtet, für den Vogel, so gut es geht, ein guter „Wellensittich" zu sein.

Dazu braucht man viel Zeit, Geduld und Einfühlungsvermögen.
Tante Frieda konnte in unserer Geschichte diese Bedingungen offensichtlich erfüllen. Wie sehr Aram sich trotzdem nach einem zweiten Wellensittich sehnt, merkt man bei der Szene vor dem Spiegel.
Kinder sind im allgemeinen nicht in der Lage, allein die ersten Schritte bei der Zähmung eines Wellensittichs zu machen. Es fehlt ihnen an Einfühlungsvermögen und Geduld, um einem einzelnen Vogel ein Partner im Sinne des Vogels zu werden. Und bei falscher Behandlung bleibt auch ein einzelner Vogel sein Leben lang scheu. Erst wenn, wie bei Aram, die Beziehung zwischen Vogel und Mensch schon gefestigt ist, können Kinder auch „einsteigen".

Fehlt diese Voraussetzung, sind für Kinder zwei Wellensittiche besser. Die werden zwar nicht handzahm, weil sie ja keinen Ersatzpartner brauchen. Trotzdem macht es viel Spaß, das Zusammenleben der Vögel zu beobachten.

Kinder erleben Tiere

Kinder erleben Tiere ist eine Reihe von informativen Bilderbüchern, die Kindern ab 4 Jahren erstes Wissen vermitteln will.
Sie schildert Erlebnisse mit heimischen Tieren und fördert so die natürliche Aufgeschlossenheit der Kinder für die Natur.

Muller
Ein Halsband für Karamel
Adrian/Kunstreich
Muck, das Eichhörnchen
Adrian/Schmidt
Mulle und ihre Kinder
Adrian/Muller
Piek, das Igelkind
Adrian/Kunstreich
Ein Nest im Schilf
Adrian/H. Muller
Auf dem Ponyhof
Adrian/Heinsohn
Das Rehkitz
Adrian/Schmitt
Der geschenkte Hase
Adrian/Kunstreich
Das Robbenkind

CIP-Titelaufnahme der Deutschen Bibliothek

Der Wellensittich / erzählt von Christine Adrian.
Mit Bildern von Doris Rübel. – Ravensburg:
Maier, 1990
(Kinder erleben Tiere)
ISBN 3-473-33882-6
NE: Adrian, Christine [Mitverf.];
Rübel, Doris [Ill.]

4 3 2 1 93 92 91 90

Printed in Italy
ISBN 3-473-33882-6